RÈS LA GUERRE

OTES

D'ÉCONOMIE POLITIQUE

N° 3

L'INDUSTRIEL

NOTES

D'ÉCONOMIE SOCIALE

Nº 3

FLEURIEU-SUR-SAÔNE

IMPRIMERIE DE L'USINE GUIMET

1916

L'INDUSTRIEL

NOTES
d'Economie Politique

N° 3

Nous avons lu dans les journaux que, dès le lendemain de la déclaration de guerre, l'empereur Guillaume nomma un comité composé d'industriels qui furent chargés d'organiser tout ce qui avait trait à la fabrique des munitions : explosifs, obus, fusils, canons.

C'était utiliser les compétences.

C'était aussi s'affranchir des règlementations militaires et des paperasses bureaucratiques.

C'était surtout gagner du temps et obtenir le plus tôt possible le maximum de rendement.

Du reste, ce comité avait sa besogne toute tracée. Car tout était prévu, tout était prêt. Les usines étaient désignées, les ateliers préparés, le personnel choisi ; il n'y avait qu'à dire : « Marchez ! » et les munitions s'accumulaient dans les magasins. Ce comité d'industriels devait non seulement alimenter la Guerre, mais se préoccuper de sauvegarder toutes les industries allemandes et, malgré les hostilités, les usines en Allemagne travaillent, font des stocks qui, la paix signée, viendront encombrer les marchés de l'univers.

Le Haut Commandement seconde ces efforts. Il sait que, s'il se bat, c'est pour faire triompher le commerce allemand ; il sait qu'à côté de la stratégie militaire, il y a la stratégie économique et, ses premiers envahissements ont été pour conquérir les mines de charbons et les usines du Nord ; quand, après la bataille de la Marne, l'armée de von Kluck, dut trouver une étape de repli, ce général s'est arrêté à la ligne Lille-Reims-Verdun qu'il connaissait bien et qui lui conservait les régions industrielles du nord de la France et de la Belgique.

Ces chefs d'usines se sont préoccupés de faciliter les communications, plus encore qu'en temps de paix ; ils ont évité de prendre les chevaux de halage qui donnent la vie aux canaux ; ils se sont bien gardés de remplacer les chefs de gare par des commissaires militaires, officiers réservistes, tout à fait incompétents en matière de transport.

Ces organisateurs de la victoire pensent au commerce autant qu'à la guerre.

Nous ne savons pas très bien ce qui s'est passé en Russie. Après avoir débuté brillamment, après avoir envahi la Pologne, menacé la Prusse, conquis la Bukovine, franchi les Carpathes, l'armée Russe, subitement, a éprouvé une défaillance et a été ramenée à son point de départ.

On parle d'accidents, de trahison, de mauvaise organisation des usines de guerre...

Pour se ressaisir, le gouvernement Russe, comme l'Allemagne, a formé un comité d'industriels et, comme par enchantement, les munitions ont surgi du sol, les arsenaux se sont remplis, l'artillerie a repris sa voix. La Russie recommence ses glorieuses campagnes.

En France, au début de la guerre, la mobilisation s'est effectuée d'une façon admirable, avec méthode et rapidité. Évidemment on était prêt et nous avons pu parer les premiers coups.

Seulement les soldats ont été jetés dans les régiments sans qu'on se soit préoccupé le moins du monde de l'utilisation des aptitudes. C'est une tradition des conseils de révision de ne jamais s'inquiéter de l'éducation professionnelle des recrues. Quand il s'agit de garçons de vingt ans, cela n'a pas de grands inconvénients, on a vite oublié son métier, on a vite acquis d'autres talents. Mais quand il s'agit d'hommes faits, de réservistes, de territoriaux, de soldats de trente à quarante ans, on ne rencontre que des gens mal utilisés. Les mécaniciens montent à cheval, les agriculteurs font de la poudre, les usiniers comptent des chemises, les avocats sont aux cuisines et les professeurs de littérature tirent le canon. Or, tous ces spécialistes, dans la vie civile, ont des positions acquises, sont habiles ouvriers, bons contremaîtres, chefs d'ateliers ou chefs de culture.

Dans ce désarroi des fonctions, quelques-uns se sont trouvés aptes à toutes les besognes. Ce sont les industriels.

Les industriels sortent de l'Ecole Centrale, de l'Ecole des Mines, ou d'autres écoles spéciales. Ils savent la chimie, la mécanique, connaissent la construction, ont l'habitude de commander et d'exécuter des programmes ; ils aiment l'organisation ; ils ont des idées personnelles, sont ingénieux autant qu'ingénieurs et partout, dans l'armée, ils ont rendu des services immédiats.

Leurs qualités maîtresses sont :

 l'invention,
 l'action,
 la réalisation.

Et c'est pour cela que l'Etat ne peut pas faire d'industrie ou qu'il la fait mal.

L'Etat a l'horreur des initiatives. Il repousse les inventeurs et refuse les découvertes.

L'Etat quand il veut faire un acte est obligé de passer à travers un réseau d'autorisations, de réglementations, d'avis de commissions, d'envois de papiers en triple exemplaire ; il lui faut un mois pour accomplir ce qu'un industriel fait en une heure.

Et quand on arrive à la solution, il est trop tard ;

l'acte n'a plus d'objet ; on fait autre chose ou l'on ne fait rien.

Au début des hostilités, on s'est vite aperçu qu'on n'avait pas le vingtième des munitions nécessaires. Les usines de guerre pouvaient difficilement augmenter leur production. Il fallut s'adresser à l'étranger. Perte de temps, perte d'argent.

On eut alors recours à l'industrie privée et l'on fut sauvé. En quelques mois surgirent des usines d'obus et d'explosifs. Les produits obtenus procurèrent une économie de 80 %. Et la mélinite, les chlorates furent assez abondants pour qu'on puisse en offrir à nos alliés.

Les industriels français ont donc rendu à notre pays un service énorme en lui procurant une économie de 1 à 2 millions par jour.

Le rôle important que joue l'industriel en temps de guerre ne semble pas avoir été très bien compris. Non seulement il fabrique des munitions, mais, dans ses propres usines, il maintient et développe la vie économique du pays ; il prépare la prospérité future.

Le gouvernement croit l'encourager ; les ministres envoient des circulaires, font des conférences en faveur du travail et du commerce ; mais chez les incompétents qui dirigent ces services il n'y a qu'hostilité. On retient les matières premières, on cache le combustible, on confisque les outils. Si l'on force une usine à fermer ses portes on croit avoir gagné une bataille. Un produit pourrait devenir rare, aussitôt on le réquisitionne. Au lieu de le faire venir de l'étranger, on le retire de la circulation. Pour qu'il ne manque pas on le supprime. Cette manie de la réquisition à tout propos, m'a décidé un jour à écrire au Ministre du Commerce. Je lui disais :

Monsieur le Ministre,

Voulez-vous me permettre de vous entretenir des *Réquisitions inutiles et dangereuses.*

Inutiles parce qu'elles font double emploi avec des mesures déjà prises ; *dangereuses* parce qu'après avoir entravé le commerce et l'industrie, elles finiront par les arrêter tout à fait.

Au début de la guerre on a été surpris et, il a fallu prendre subitement les chevaux, les voitures, les camions automobiles là où on les trouvait.

Mais, après un an d'organisation, le Gouvernement a dû acheter des chevaux, commander des voitures et des autos et, il n'est plus nécessaire de prendre le matériel que les usines ont eu tant de peine à reconstituer.

Pour les wagons et les locomotives, c'est la même chose, on les utilise mal.

La guerre qui prend les wagons et ne s'en sert pas, en arrive à ne laisser circuler que les wagons qui travaillent pour l'armée. C'est donc dire que peu à peu toutes les industries de la France qui marchent déjà péniblement seront supprimées.

C'est là le danger.

Il ne faut pas que la France devienne pauvre. Il faut que la France, pendant la guerre, se prépare activement à la lutte économique de l'après-guerre.

On ne semble pas se préoccuper de cela. On encombre les gares de wagons vides ou pleins qui ne bougent plus.

On réquisitionne sans raison les matières premières (charbon, soufre, sel de soude, cuivre, aluminium, etc.) et, les industriels, après l'effort énorme qu'ils ont fait en improvisant des usines de munitions, ne seront plus en état de lutter, la guerre finie, contre la concurrence allemande.

La France, par ses nombreux ports, par la liberté de ses mers peut faire beaucoup d'exportation, prendre des marchés que l'Allemagne encerclée ne peut alimenter, faire rentrer chez nous l'argent des autres pays ; elle peut s'enrichir pendant que les concurrents se ruinent. Mais il faut qu'elle ait la liberté de circulation, la liberté d'approvisionnement, la liberté du trafic.

C'est une erreur de croire que **le Ministre de la Guerre ne doit s'occuper que de la guerre. Il faut qu'il ait soin de ne nuire ni à l'industrie, ni au commere.** En prenant ces précautions il assure la grandeur de la France. C'est en la faisant riche qu'il prépare la victoire stratégique ; c'est en la faisant riche qu'il garantit après la guerre la victoire commerciale.

La guerre **d'usure,** est devenue une guerre **d'usines.** Il faut sauver les usines.

Veuillez agréer, etc.

En résumé, les Allemands nous ont attaqué dans l'espérance d'anéantir l'industrie française. Nous nous défendons pour ne pas laisser amoindrir ni disparaître notre industrie.

Les circonstances font que nous nous battons aussi pour reconquérir l'Alsace et la Lorraine, pour libérer les nations envahies, pour détruire le militarisme prussien et pour délivrer le monde de l'horrible « Kultur ».

Mais si, après la paix, nous n'avons pas obtenu la suprématie des industries alliées, il faudra recommencer dans d' c ans.

La politique de la guerre actuelle est dominée par les questions commerciales, par l'intérêt qui s'attache à l'industrie.

L'industriel est u centre de l'action. C'est lui qui agit. C'est pour lu qu'on se bat. C'est lui qui, plus tard, gagnera la victoire économique.

Fleurieu, le 27 Mars 1916.

E. GUIMET.